VATER & TOCHTER

Deutsche Erstausgabe

Umschlag: Alexandra Auer
Foto: Julie Gang
Satz: Brit Schubert
Printed in Germany

ISBN 3-89769-048-9

Und für die Väter von Jungen:
VATER & SOHN
ISBN 3-89769-047-0

www.lardon-media.com

VATER & TOCHTER

Goldene Regeln
für die Erziehung von Mädchen

LARDON

Ein Mädchen großzuziehen, dazu braucht es beide Eltern:

Eine Mutter, die ihr zeigt, wie sie Frau wird.
Einen Vater, der ihr zeigt, wie sie unabhängig wird.

Der Vater muss dafür sorgen, dass seine Tochter mutig wird. Furchtlos. Dass sie sich schön findet. Dass sie Lust am Abenteuer hat. Dass sie sich sicher fühlt und Selbstbewusstsein bekommt.
Die Beziehung zwischen Vater und Tochter ist denkbar einfach: Ihr Leben lang wird sie ihren Vater lieben und ihm restlos vertrauen.
Einfach deshalb, weil er ihre erste Liebe ist. Ihr erster Held. Der erste Mann in ihrem Leben.

Die fünf Grundregeln

1 Seien Sie immer für Ihre Tochter da.
2 Bringen Sie ihrer Mutter Zuneigung und Achtung entgegen.
3 Jeder Augenblick, den Sie mit ihr verbringen, muss Ihnen kostbar sein.
4 Beten Sie jeden Tag für sie.
5 Seien Sie ein Held für sie.

DIE JAHRE DES STAUNENS

Machen Sie sich von Anfang an klar, dass Ihre Tochter auch im Alter von einer Woche schon ein Mädchen ist. Sie wird darum genauso bezaubernd – und genauso rätselhaft – sein wie alle anderen Mädchen, die Sie kennen. Dass Sie ihr Papa sind, hat überhaupt nichts damit zu tun.

Sie müssen es sich gefallen lassen,
dass Ihre Tochter Sie, wann immer sie will,
um den Finger wickeln kann.

Nehmen Sie an ihrem Leben teil.
Von Anfang an.
Warten Sie nicht, bis sie fünfzehn ist,
um eine Beziehung zu ihr aufzubauen.

Seien Sie gewarnt:
So süß sie auch aussehen mag,
sie zu windeln macht genauso viel Streß
wie bei einem Jungen.

Halten Sie sie,
wenn Sie von der Arbeit kommen,
so oft wie möglich im Arm.
Das tut Ihnen genauso gut wie ihr.

Singen Sie ihr etwas vor,
wenn Sie sie in den Schlaf wiegen.
Sie wird es ganz toll finden,
Ihre Stimme zu hören –
und um ein Uhr nachts vertreibt
man sich echt gut die Zeit damit.

Sie sollten von Anfang an
eine Menge Fotos von ihr machen.
Denn mit jedem Tag verändert sie sich.

Sagen Sie ihr vom Tag ihrer Geburt an,
dass sie alles erreichen kann.

Lassen Sie sie, solange sie ein Baby ist,
an Ihrer Brust schlafen.
Das sind die Augenblicke,
in denen die Welt einen Sinn bekommt.

Ja, natürlich ist sie ein Mädchen.
Aber wenn sie hungrig,
müde oder aufgeregt ist,
kann sie ebenso laut brüllen
wie ein kleiner Junge.

Stellen Sie sich darauf ein,
mit ihr gut und gern 200 Mal
Disney-Filme ansehen zu müssen.
Und zwar jeden 200 Mal.

Lassen Sie sie an Ihrer Welt teilhaben – sie soll zusehen, wie Sie sich rasieren, wie Sie arbeiten, lesen und sich ausruhen. Sie wird immer gern in Ihrer Nähe sein, egal was Sie tun. Genießen Sie diese Zeit, sie dauert nicht ewig.

Prägen Sie sich ihr Gesicht genau ein.
Ihre Augen. Ihre Hände.
Sie prägt sich nämlich auch Ihr Aussehen
bis ins kleinste Detail ein.

Sagen Sie ihr immer wieder das Wort »Papa« vor. Dann besteht alle Aussicht, als ersten Laut »Pa-Pa« von ihr zu hören.

Lassen Sie sie die Freuden von Eiskrem und Schokoladensoße genießen. Damit herumzuspielen wird ihr kaum weniger Spaß machen als davon zu essen.

Baden Sie sie, so oft es geht.
Überlassen Sie das nicht nur der Mama.
Sie werden sehen:
Es ist das reine Wunder.

Sie werden vielleicht nie begreifen,
was sie an Puppen so toll findet,
aber Sie werden ihr garantiert mehr
von diesen Dingern schenken,
als Sie sich vorstellen können.

Bringen Sie ihr das Zählen bei.
Zuerst mit den Fingern.
Dann mit Schokokeksen, mit Smarties,
Pusteblumen und Glühwürmchen.

Emotional entwickelt und gesund an Körper und Geist sind nur Mädchen, die in einer liebevollen Umgebung aufwachsen. Tun Sie alles, was in Ihrer Macht steht, um ein heiteres und harmonisches Zuhause zu schaffen.

Legen Sie Geld für ihr Studium an.
Auf der Stelle.

Lassen Sie keine Gelegenheit aus,
sie mit ihrer Mutter zusammen zu sehen.
Es ist ein wunderbarer Anblick.

Erfreuen Sie sich an den Augenblicken, wo sie zu Ihnen hergetapst kommt und ohne ersichtlichen Grund die Arme um Ihren Hals schlingt. Es wird Sie hart ankommen, aber widerstehen Sie dem Drang, ihr die Welt zu Füßen zu legen.

Was an kleinen Mädchen rätselhaft ist,
wird die Mama verstehen.
Verlassen Sie sich darauf.
Das Geheimnis, das große Mädchen umgibt,
müssen Sie schon selbst herausbekommen.

Sollten Sie sie auf eine Flugreise mitnehmen, bevor sie sprechen kann, dann müssen Sie damit rechnen, dass sie zweieinhalb Stunden am Stück schreit.

Treiben Sie nie und
nimmer Ihren Spott mit ihr.

Vergessen Sie nie,
dass es von Anfang an Ihr Charakter ist,
der ihr den Stempel aufdrückt.

Machen Sie sich aber auch klar, dass Sie gleichzeitig von ihr geprägt werden.

Glauben Sie bloß nicht,
dieses süße kleine Wesen könnte
nicht wie andere Mädchen auch
mit Essen um sich werfen.

Nehmen Sie sie mit zum Einkaufen. Nur Sie beide. Aber lassen Sie sich nicht unter Druck setzen, das ganze Geschäft leer kaufen zu müssen.

Denken Sie immer daran:
Sie kann all das,
was ein Junge auch kann.

Vergessen Sie nie:
Väter, die ihren Töchtern ein Ansporn sind, stärken deren Selbstbewusstsein.

Lesen Sie ihr häufig vor.
Es dauert nicht lange,
und sie wird Ihnen vorlesen.

Bauen Sie ihr für ihre Puppen
und Stofftiere ein Wandregal.
Lassen Sie sich von ihr
über jeden ihrer Lieblinge
Geschichten erzählen.

Schenken Sie ihr ein Foto von sich.
Wenn Sie dann ein Portemonnaie bekommt,
kann sie es hineintun.
Vielleicht haben Sie Glück,
und sie hat ihr ganzes Leben lang
immer ein Foto von Ihnen bei sich.

Trinken Sie regelmäßig »Tee« mit ihr.
Knabbern Sie an allem,
was sie Ihnen vorsetzt.
Versichern Sie ihr,
alles schmecke köstlich.

Gehen Sie mit ihr in den Zoo.
Sie wird alles toll finden:
die Elefanten, die Affen, die Löwen,
den Streichelzoo, alles.

Spielen Sie Ball mit ihr.
Auch wenn's ein rosa Ball ist und mit Glitzerkram oben drauf.

Sprechen Sie mit ihr darüber,
was sie werden will, wenn sie groß ist.
Machen Sie ihr immer wieder deutlich,
dass alles möglich ist.

Lassen Sie ihr keine Wutanfälle
durchgehen. Nicht jetzt und auch nicht,
wenn sie fünfzehn ist.
In Ihrem Haus wird's
dann sehr viel friedlicher zugehen.

Wenn Sie nicht wollen,
dass sie mit Werten aufwächst,
wie Hollywood sie propagiert,
dann schränken Sie
ihren Fernsehkonsum ein.

Ziehen Sie ihr Gummistiefel an, damit sie draußen im Matsch herumstapfen kann.

Gehen Sie mit ihr reiten.
Mädchen sind ganz wild auf Pferde.

Legen Sie sich rücklings mit ihr ins Gras und schauen Sie der Wolkenbildung zu. Für Kinder ist das ein guter Einstieg, über das Leben nachzudenken.

Seien Sie pünktlich
zum Abendessen zu Hause.
Äußerst wichtig.

Ob Sie's glauben oder nicht,
mit zweieinhalb Jahren ist sie soweit,
dass sie ein Fahrrad mit
Stützrädern fahren kann.
Sie selbst sind's vielleicht noch nicht.

Sobald Sie sehen, dass die Stützräder abmontiert werden können, kaufen Sie ihr Fahrradhandschuhe und einen Helm. Das erspart 'ne Menge Hautabschürfungen und viele Tränen.

Freuen Sie sich mit ihr,
wenn sie aus dem Staunen
nicht herauskommt.

Schreiben Sie sich folgenden Satz auf:

Kleine Mädchen weinen.

Und zwar ausgiebig.

Lassen Sie sich von ihr etwas beibringen.
Zum Beispiel was sie an diesem Tag
in der Schule gelernt hat. In Heimatkunde.
Beim Malnehmen oder über Wale.
Wie ihr Lieblingslied gesungen wird.
Wie man der Barbie-Puppe Zöpfe flicht.

Zeigen Sie ihr,
wie man Rommee spielt.

Wenn sie nicht einschlafen kann,
setzen Sie sich an ihr Bett,
bis sie wieder einschläft.

Bringen Sie ihr bei,
keine Angst vor Jungen zu haben
und ihnen jederzeit
den Schneid abzukaufen.

Wenn sie das richtige Alter hat,
melden Sie sie bei einem Karatekurs an.
Damit beruhigen Sie freilich eher sich
als Ihre Tochter.

Pflanzen Sie gemeinsam mit ihr Blumen.
Auch wenn Ihr Garten nicht größer
als eine Fensterbank ist.

Wundern Sie sich nicht,
wenn sie bei ihrer ersten Übernachtung
außer Haus um drei Uhr morgens anruft
und abgeholt werden möchte.
Dass Sie ihr fehlen,
ist etwas ganz Fabelhaftes.

Irgendwann ist sie ganz vernarrt in Hunde,
kleine Katzen und Vögel.
Sie werden das wahrscheinlich
lächerlich finden.
Machen Sie einfach gute Miene dazu.

Wenn Sie mitansehen müssen,
wie ein Mädchen oder ein Junge Ihrer
Tochter in irgendeiner Form weh tun,
werden Sie den Impuls haben,
Gleiches mit Gleichem zu vergelten.
Tun Sie das nicht.

Zeigen Sie ihr,
wie man auf einen Baum klettert.
Und auch,
wie man wieder herunter kommt.

Spenden Sie ihr häufig Lob.
Sie soll spüren,
dass Sie sie so lieben, wie sie ist.
Wenn Sie ihr das oft genug sagen,
wird sie sich vielleicht
auch als Teenager daran erinnern.

Denken Sie sich Geschichten aus,
die Sie beide
dann abends ausschmücken können.
Das wird ihre Phantasie anregen.

Behalten Sie im Kopf,
dass kleine Schwestern
ihre größeren Brüder oder Schwestern
im Teenageralter immer anhimmeln,
verfolgen und nerven.
Schuld daran ist niemand.

Zeigen Sie ihr,
wie und wann man
die Nummern 110 und 112 anruft.

Lernen Sie,
ihre Stimmungen zu interpretieren.
Irgendwann kommt nämlich der Tag,
an dem sie mit Ihnen
nicht mehr über alles reden möchte.

Kaufen Sie ihr einen
Chemie-Experimentierkasten.

Engagieren Sie sich an ihrer Schule.
Gehen Sie zu den Treffen des Fördervereins.
Sprechen Sie mit ihren Lehrern.
Kümmern Sie sich um alles,
was an der Schule los ist.

Machen Sie schon dem kleinen Mädchen
Mut, etwas Neues auszuprobieren;
dann wird sie auch als größeres Mädchen
bereitwillig Neues ausprobieren.

Respektieren Sie ihre Privatsphäre. Und ihr Schamgefühl.

Belauschen Sie nicht
die Gespräche zwischen ihr
und ihrer Mutter.
Sie werden von beiden
noch früh genug erfahren,
worum es ging.

Je früher Sie ihr einen Computer kaufen, desto eher wird ihr der Umgang damit zur zweiten Natur werden.

Fördern Sie ihr Interesse
an Mathematik und Naturwissenschaften.
In der Schule wie außerhalb.

Zeigen Sie ihr,
wie man eine rechte Gerade schlägt.
Das wird jeden Jungen davon abhalten,
sie anzumachen.

Reden Sie schon früh und häufig
mit ihr über Drogen und Alkohol.
Sie wollen doch nicht,
dass ein anderer sie
über diese Dinge informiert.

Streiten Sie in ihrer Anwesenheit
nie mit ihrer Mutter.
So schwer es fallen mag,
lassen Sie es einfach.

Bestärken Sie sie darin,
ihren Instinkten zu trauen.
Vor allem in Situationen,
wo eine Person oder ein Ort
bedrohlich wirken.

Bedenken Sie,
dass sie den lieben langen Tag die Werte
der Gesellschaft eingetrichtert bekommt.
Sie müssen also schon mit großer
Entschiedenheit auftreten,
wenn Sie ihr
Ihre Werte beibringen wollen.

Lassen Sie unter keinen Umständen zu,
dass sie Ihnen oder ihrer Mutter
patzige Antworten gibt.
Und natürlich auch niemandem sonst.

Bringen Sie ihr Geduld,
Freundlichkeit und Toleranz bei.
Sonst werden Sie später bereuen,
dass Sie es nicht getan haben.

Zeigen Sie Ihren Kollegen
im Büro ihre Bastelarbeiten.
Warum sollten all die schönen Dinge
auf den Kühlschrank wandern?

Nehmen Sie sie mit auf den Golfplatz. Geben Sie ihr einen abgesägten Schläger, mit dem sie Bälle in der Gegend herumsäbeln kann.

Frühstücken Sie mit ihr.
Dann hat sie einen Grund,
pünktlich am Tisch zu sitzen.

Machen Sie ihr klar, dass alles, was sie tut, eine deutlichere Sprache spricht als das, was sie sagt. Selbst dann, wenn sie ihre Worte herausbrüllt.

Lachen Sie nie über ihre Träume.

Schärfen Sie ihr folgende Dreierregel ein:
Sich selbst achten. Andere achten.
Verantwortung für
das eigene Tun übernehmen.

Schärfen Sie ihr ein,
einen Fehler zu korrigieren,
sobald sie merkt,
dass sie ihn gemacht hat.

Bestärken Sie sie darin,
Zeit für sich allein zu verbringen.

Bringen Sie ihr bei,
zwischen den Zeilen zu lesen.
Aber seien Sie darauf gefasst,
dass sie das unter Umständen
besser kann als Sie selbst.

Lassen Sie sie an Ihrem Wissen teilhaben.

Machen Sie ihr immer wieder deutlich,
wie sehr Sie sie liebhaben.
Selbst wenn Sie sich über sie ärgern.

Schärfen Sie ihr ein:
Sie darf nie jemandem ins Wort fallen,
der ihr gerade schmeichelt.

Wenigstens einmal im Jahr machen
Sie mit ihr einen Ausflug dorthin,
wo sie noch nie zuvor war.
Das wird ihre Lust auf Abenteuer wecken.

Verpassen Sie kein Vorspiel,
kein Konzert, kein Theaterstück oder sonst
irgendeine Vorstellung, bei der sie mitwirkt.
Jetzt nicht und auch später nicht,
bis sie ins Studium geht.

Sagen Sie ihr,
sie solle zu allen freundlich sein.
Auch zu dem Mädchen,
das sonst keiner mag.

Achten Sie darauf,
dass Sie rund um die Uhr
für sie ansprechbar sind.

Gestehen Sie ihr ein,
wenn Sie Unrecht haben.
Und entschuldigen Sie sich bei ihr.

Denken Sie daran, dass Sie ein starkes Selbstbewusstsein ausgebildet haben muss, bevor sie ein Teenager wird, der nicht weiß, wohin mit sich. Die Liebe eines Vaters ist in dieser Hinsicht außerordentlich wichtig.

DIE JAHRE DER GEHEIMNISSE

Sie müssen damit rechnen,
dass das liebliche, zarte Engelchen,
mit dem Sie zehn Jahre lang
zusammengelebt haben,
sich fortan rar macht.
Seien Sie unbesorgt,
es wird zurückkommen.

Vergessen Sie nicht:
Mädchen im Backfischalter können stundenlang auf ihrem Zimmer hocken und irgendwas machen. Was dieses Etwas ist, haben Männer noch nie herausbekommen.

Manchmal (nun ja, häufig) kommt es vor,
dass sie nicht weiß, was sie will.
Sie müssen ihr dann helfen,
es herauszufinden.

Verdrücken Sie sich nicht,
wenn die körperliche und sexuelle
Entwicklung Ihrer Tochter einsetzt.

Bestehen Sie darauf, dass sie zu annehmbarer Zeit schlafen geht. Mädchen im Teenageralter brauchen mehr Schlaf als kleine Babys.

Wie sehr sie auch bitten und betteln mag,
weigern Sie sich standhaft,
ihr ein Telefon ins Zimmer zu stellen.
Sie wird sonst die ganze Nacht
kein Auge zumachen.

Mozart- und Beethoven-Sinfonien kann
Ihre Frau mit ihr hören.
Die Beatles lernt sie durch Sie kennen.

Werfen Sie die Personenwaage auf den Müll (Gewichtszunahme in der Pubertät ist ganz normal). Plädieren Sie mit Nachdruck für gesunde Ernährung, körperliche Bewegung und reichlich Schlaf.

Lernen Sie möglichst alle ihre Freundinnen und Freunde kennen. In der Mittelstufe ist der Einfluss von Gleichaltrigen am allergrößten.

Vergessen Sie nicht, dass sich mittlerweile andere Regeln eingebürgert haben. Heute sind Mädchen unübertroffene Asse in Fußball, Mathe, am Computer, beim Schwimmen und in technischen Fertigkeiten. Fangen Sie gar nicht erst nicht an, diesen Interessen einen Riegel vorzuschieben.

Erinnern Sie sie stets daran:
Oberstes Gebot zwischen Vater und Tochter
ist gegenseitiges Vertrauen.

Beteiligen Sie sich an Fahrdiensten für Ihre Tochter und deren Freundinnen. Sie werden aus erster Hand erfahren, was sie tagsüber treibt.

Geben Sie ihr die Gewissheit,
zu Hause immer gut aufgehoben zu sein.

Mit dreizehn weiß sie schon längst alles über Sex, Drogen, Gewalt, Alkohol und Schusswaffen (aus Fernsehsendungen, Illustrierten und Filmen). Hoffentlich haben Sie ihr das meiste dazu schon vorher beigebracht.

Verbringen Sie als Familie ausreichend Zeit miteinander.

Dreizehnjährige sind in jeder Hinsicht überkandidelt. Stellen Sie sich also darauf ein.

Hören Sie sich die Musik an,
die sie gern hört
(und bedenken Sie, was Ihre Eltern
von den Hits gehalten haben,
auf die Sie früher abgefahren sind).

Sprechen Sie häufig mit ihr über das Pro und Kontra bei Entscheidungen in Sachen Sex. Über den Druck, den Gleichaltrige ausüben können, über Liebe, romantische Schwärmerei und über Verantwortung. Sie können nie sicher sein, wann sie was gerade hören will.

Schärfen Sie ihr ein,
dass Klatschen
und Tratschen ihre Seele vergiftet.

Unterschätzen Sie unter keinen Umständen ihre Intelligenz.

Achten Sie in ihrer Gegenwart
auf Ihre Worte. Bedeuten Sie ihr,
dass auch sie auf ihre Worte achten soll.

Irgendwann müssen Sie auf den Satz gefasst sein, sie hasse ihre Mutter. Bestehen Sie mit äußerstem Nachdruck auf dem nötigen Respekt.

Geben Sie ihr im Haushalt zu tun, damit sie Pflichten übernimmt, für die sie auch verantwortlich ist. Dadurch wird sie enger in das Familienleben eingebunden.

Bringen Sie ihr bei, andere Menschen nicht danach zu beurteilen, ob sie Designerkleidung tragen.

Gehen Sie jeden Abend die Hausaufgaben mit ihr durch und üben Sie mit ihr, wie man sich auf Klassenarbeiten vorbereitet. Das ist eine einmalige Gelegenheit zu gemeinsamer Beschäftigung.

In diesem Alter können sich Mädchen nur
sehr schwer darüber klar werden,
was sie wirklich brauchen.
In ganz vielen Fällen ist Ihre Tochter dann
darauf angewiesen,
dass Sie Ihre Elternrolle wahrnehmen.

Muten Sie Ihrer Tochter nicht mehr Einschränkungen zu, als Sie es bei einem gleichaltrigen Sohn im selben Entwicklungsstadium tun würden.

Nehmen Sie es einfach hin,
dass Mädchen kreischen,
wenn sie glücklich, verwirrt, aufgeregt oder
ängstlich sind oder wenn sie gerade einen
bestimmten Jungen in der
Fußballmannschaft gesehen haben.

Sagen Sie ihr,
sie soll an die wahre Liebe glauben,
nicht nur an die von Halbwüchsigen.

Wenn sie besonders wütend ist, setzen Sie sich zu ihr und lassen sie schildern, was eigentlich los ist. Je länger Sie zuhören, desto mehr erfahren Sie.

Kontrollieren Sie, was sie sich im Fernsehen und im Kino anschaut. Sonst könnte sie am Ende meinen, sie müsse sexuell aktiv oder lebensbedrohlich dünn sein, mit Drogen experimentieren und sich mit Rockstars herumtreiben.

Vergessen Sie nicht,
dass die meisten großen Schwestern ihre
kleineren Brüder herumkommandieren.
Aber natürlich wissen Sie auch,
dass die meisten kleinen Brüder Mittel
und Wege finden,
es ihnen heimzuzahlen.

Abonnieren Sie keine Illustrierten,
die ihre Geschäfte auf dem Rücken
von Frauen machen.
Das besagt etwas über Ihre Einstellung
zu Frauen überhaupt.

Spielen Sie einmal pro Woche Tennis mit ihr oder irgendeine andere Sportart. Auch wenn Sie schlecht spielen, ist das eine tolle gemeinsame Beschäftigung.

Sobald die Zeit für E-Mails,
Web-Sites und Chat-Rooms gekommen ist,
müssen Sie darauf achten,
dass sie Gefährliches oder Abwegiges im
Internet erkennt und vermeiden lernt.

An manchen Tagen werden Sie bestimmt den Eindruck haben, Sie hätten ein Wesen von einem fremden Stern großgezogen. Das sind genau die Tage, an denen Ihre Tochter den Eindruck hat, Sie kämen von einem anderen Stern.

Kein Piercing unterhalb der Ohren – in diesem Punkt muss ein Vater unnachgiebig bleiben.

Das Gefühlsleben von Mädchen gleicht gelegentlich einer Achterbahn. Väter halten ihre Gefühle dagegen eher zurück. Ihre Tochter ist ein Teil Ihres Lebens; Sie sollten das ruhig zu erkennen geben.

An manchen Tagen wird sie alles, was Sie ihr sagen, in den falschen Hals bekommen. Das ist nicht weiter schlimm. Schließlich sind Sie der Erwachsene. Sagen Sie also alles, was Ihrem Gefühl nach gesagt werden muss.

Wenn sie anfängt,
sich die Models in Illustrierten anzusehen,
ist es Zeit,
mit ihr über Kriegsbemalung, Reklame und
Manipulationstechniken zu reden.

Fallen Sie nie mit Schimpfnamen über sie her. Egal wie sauer Sie sind. Egal was sie getan hat. Falls doch, wird sie das ihr Leben lang nicht vergessen.

Schärfen Sie ihr ein, sie solle anrufen,
wenn sie fünf Minuten zu spät kommt
oder noch anderswo hingeht.
Und zwar grundsätzlich.

Seien Sie der Erste,
der sie in ein Rockkonzert einlädt.
Nehmen Sie aber Oropax mit.
Sie werden wahrscheinlich gar nicht mehr
wissen, wie laut es da zugeht.

Bringen Sie ihr bei,
Gebrauchsanweisungen stets
sorgfältig zu lesen.

Vergessen Sie nicht:
In der Schule wird nur »Sexualerziehung« gelehrt. Ihre Aufgabe ist es, ihr die »Entscheidungsfindung« in Sachen Sex zu erleichtern.

Bieten Sie von sich aus an,
sie mit ihren Freundinnen
ins Kino zu fahren.
Und dann hören Sie einfach
ihrer Unterhaltung zu.

Zögern Sie nicht,
die Eltern ihrer Freundinnen anzurufen,
wenn Sie in punkto Alkohol, Drogen oder
Sex etwas wissen, beziehungsweise
vermuten. Sie würden sicher auch gern
informiert werden, wenn Sie in der Situation
dieser Eltern wären.

Bringen Sie ihr bei,
erst nachzudenken und dann zu sprechen
(und tun Sie selbst auch, was Sie predigen).

Schärfen Sie ihr ein,
dass es einen direkten Zusammenhang gibt zwischen fleißigem Lernen und guten Noten, zwischen guten Noten und Zulassung zum Studium, zwischen Uni und beruflichem Erfolg.

Helfen Sie ihr herauszufinden,
wovon sie sich begeistern lässt,
und dann helfen Sie ihr,
daran auch festzuhalten.

Bringen Sie in Erfahrung,
welche Rollenvorbilder sie hat.
Sind es ausschließlich Popstars und Models,
dann haben Sie noch einiges vor sich.

Sie müssen sich damit abfinden:
Jungen sind fortan ganz wichtig für sie.

Sie müssen sich mit dem Gedanken
vertraut machen, dass auch ein Mädchen,
dem es an nichts fehlt,
manchmal arm dran sein kann.
Machen Sie sich klar,
dass Sie nicht ständig ihre sämtlichen
Probleme lösen können.

Es kann vorkommen,
dass sie Sie mit Schweigen bestraft.
Genießen Sie die Ruhe.

Hin und wieder wird sie so hilfsbereit,
zärtlich und liebenswürdig sein,
dass es Sie fast umhaut.
Das ist aber ihr wahres Ich.

MÄDCHEN & RELIGION

Am Tag ihrer Geburt bitten Sie Gott, Sie in allen Erziehungsfragen zu leiten.

Sprechen Sie bei Tisch auch über religiöse Themen – genauso wie über Sport oder Politik oder ihr Taschengeld.

Verzeihen Sie ihr,
wenn sie um Verzeihung bittet.
So lernt sie am besten,
anderen zu verzeihen.

Raten Sie ihr, wie sie in einem Alter, in dem sie mit sexuellen Darstellungen und Anzüglichkeiten bombardiert wird, moralischen Anstand wahren kann.

Schlagen Sie ihr vor,
sich der Jugendgruppe einer
Kirchengemeinde anzuschließen.

Machen Sie ihr begreiflich,
dass eine der goldenen Regeln,
um glücklich zu sein, darin besteht,
niemals etwas persönlich zu nehmen.

Fragen Sie sie hin und wieder nach ihren religiösen Vorstellungen.
Fragt sie zurück, was Sie damit meinen, so müssen Sie auf eine entsprechende Debatte vorbereitet sein.

Raten Sie ihr,
tief in ihr Inneres zu blicken,
wenn sie Antwort auf ein schwieriges
Problem sucht.

Reden Sie ihr zu,
für ihre »Feinde« zu beten.
Dazu können unter Umständen auch,
in unterschiedlichster Zusammensetzung,
ihre Klassenkameradinnen
und Ex-Freunde gehören.

Bestärken Sie sie darin,
in jedem Menschen das Gute zu suchen,
vor dem Bösen in der Welt jedoch
auf der Hut zu sein.

Überzeugen Sie sie,
dass Selbstmitleid Zeitverschwendung ist.

Helfen Sie ihr einzusehen,
dass es im Leben mehr gibt als die Wahl
der richtigen Jeans.

Erklären Sie ihr,
dass Gott mitunter andere Pläne hat.

MÄDCHEN & SPORT

Machen Sie's nicht wie die Väter,
die den Sport ihrer Töchter
nicht ernst nehmen.
Sonst werden Sie so manches
schöne Erlebnis verpassen.

Machen Sie sich klar,
dass kleine Mädchen nicht immer hinter
dem Ball her rennen.
Oft rennen sie nur deshalb,
weil alles um sie herum rennt.

Wenn sie sich verletzt hat,
so trösten Sie sie.
(Und trösten Sie auch ihre Mutter.)

Spielen Sie Basketball,
Softball oder Fußball mit ihr,
wenn Sie von der Arbeit heimkommen.
Sie wird begeistert sein.
Vielleicht gewinnt sie sogar gegen Sie.

Bringen Sie ihr bei,
wie man den Ball mit Effet wirft ...
und wie sie mit Effetbällen umzugehen hat,
die ihr das Leben zuwirft.

Gehen Sie mit ihr zu Veranstaltungen, wo echte Profisportlerinnen auftreten. Solche Cracks sind für junge Mädchen ein regelrechter Ansporn.

Gehen Sie mit ihr joggen.
Fangen sie ruhig früh damit an;
sie wird Sie auch dann noch mitschleppen,
wenn sie schneller läuft als Sie.

Na klar doch,
heutzutage spielen auch Mädchen
Eishockey!

Schicken Sie sie während der Ferien ins Sportcamp.

Vergessen Sie nicht:
Im Wettkampfsport der Mädchen
treten keine Damen auf,
und bei den Jungen keine Gentlemen.
Da herrschen rauhe Sitten.

Seien Sie darauf gefasst,
dass Sie über ihre Leistungen
noch staunen werden.

Auch wenn Sie meinen,
Sie könnten nicht anders:
Brüllen Sie den Schiedsrichter nicht an
oder beleidigen ihn gar.
Für Ihre Tochter wäre das peinlich,
und Sie selbst machen sich zum Trottel.

Finden Sie sich damit ab,
dass Sie nicht mehr ihr Trainer sein können,
wenn sie mit sechzehn
immer noch voll dabei ist.
Denn dann kann sie es nämlich besser,
als Sie es je können werden.

Sie müssen damit rechnen,
dass sie vielleicht grottenschlecht ist.
Macht nichts. Viele begabte Musiker und
Mathematiker waren unfähig,
aus anderthalb Meter Entfernung
mit dem Ball ein Haus zu treffen.

Zeigen Sie ihr,
wie man mit Anstand verliert.

Bringen Sie ihr bei,
wie man ohne Siegerpose gewinnt.

Durch den Sport gewinnt
ein Mädchen an Selbstachtung,
er gibt ihm mehr Selbstvertrauen, und auch
die Schulleistungen werden besser.
Aber braucht Ihre Tochter wirklich
eine Rechtfertigung?

MÄDCHEN & GELD

Überzeugen Sie sie,
dass Geld nicht alle Übel beseitigen kann.

Schenken Sie ihr ein Sparschwein,
wenn sie noch klein ist.
Sie ist nie zu jung,
um den Wert des Sparens
kennen zu lernen.

Geben Sie ihr Gelegenheit, sich schon in frühen Jahren etwas Geld zu verdienen. Auch ein kleines Kind kann das eigene Zimmer sauber machen, beim Sortieren und Falten der Wäsche helfen und Blumen gießen.

Schicken Sie sie mit einfachen Aufträgen zum Lebensmittelgeschäft oder zur Apotheke, dann wird ihr der Umgang mit Geld vertraut, und sie lernt, was Grundartikel kosten.

Geben Sie ihr regelmäßig Taschengeld. Erhöhungen und Prämien sind möglich, sie müsste sie sich allerdings verdienen.

Raten Sie ihr zu,
von ihrem Geburtstagsgeld
etwas zu sparen.

Sie wird sich ein Portemonnaie wünschen,
das teurer ist als das ihrer Mutter.
Machen Sie ihr klar,
dass harte Arbeit ehrenhaft ist.
Und Geld einbringt.

Sie müssen sich auch mal überwinden zu sagen: »Das können wir uns nicht leisten.«

Zeigen Sie ihr,
wie viel Trinkgeld man gibt – und wann.

Bringen Sie ihr bei,
dass sie nichts mit einer Kreditkarte
kaufen darf, was sie nicht
mit ihrem monatlichen Taschengeld
bezahlen kann.

Machen Sie ihr vor,
wie man Geld spart.
Am besten zeigen Sie ihr,
wie und wo Sie selbst sparen.

Warnen Sie sie vor dem Schuldenmachen.

Bringen Sie ihr bei,
wie man einen Preis aushandelt.

Helfen Sie ihr,
einen guten Ferienjob zu finden.

MÄDCHEN & SPORT 209

Notfalls sagen Sie ihr immer wieder,
dass kein Quengeln,
Weinen und Betteln nützt,
wenn es um den Inhalt
von Vaters Brieftasche geht.

Erklären Sie ihr,
wie man den Wirtschaftsteil
der Zeitung liest.

Bringen Sie ihr bei,
ihre Arbeit ernst zu nehmen,
egal um was es sich handelt.

Sprechen Sie mit ihr darüber,
wie teuer das Leben ist.
Wenn sie das heimische Nest verlässt,
können Miete sowie Strom- und
Gasrechnung ein richtiger Schock
für sie sein.

Erklären Sie ihr,
dass das Befriedigendste am Wohlstand
darin besteht, ihn zur Unterstützung
anderer einzusetzen.

MÄDCHEN & AUTOS

Sie werden ihr zeigen müssen,
wie man Auto fährt ...
ohne sie zum Weinen zu bringen.

Lassen Sie sich
von ihr durch die Gegend fahren.
Sitzen Sie still, schauen Sie aus dem
Fenster und üben Sie keine Kritik.
Das wird ihr Selbstvertrauen geben.

Machen Sie sich klar,
dass die Kfz-Versicherung für Ihre Tochter
so teuer ist wie ein Motorboot.

Fordern Sie nachdrücklich, dass sie sich immer anschnallt. Auch wenn sie ihr Ballkleid anhat.

Zeigen Sie ihr,
wie man einen Reifen wechselt.
Sie wird zwar immer noch
um ein Uhr morgens anrufen,
aber es könnte ja sein,
dass Sie mal nicht da sind.

Sorgen Sie dafür, dass sie lernt,
bei Regen, bei Schnee
und auf eisglatten Straßen zu fahren.
Lassen Sie nicht locker,
bis sie unter solchen Bedingungen
sicher fahren kann.

Besorgen Sie ihr
einen Automobilclub-Ausweis,
und stellen Sie sicher,
dass sie ihn immer bei sich hat.

Lassen Sie sich
zwei Ersatzautoschlüssel anfertigen,
falls Sie und Ihre Frau unbedingt pünktlich
irgendwo sein müssen.

Bevor sie allein mit dem Auto losfährt,
schärfen Sie ihr ein, dass sie die Augen
immer auf der Straße haben muss,
auch wenn mal die CD zu Ende ist
oder im Radio der Song kommt,
den sie am wenigsten mag.

Solange sie Anfängerin ist,
sagen Sie ihr klipp und klar,
wie viele Freundinnen höchstens
gleichzeitig bei ihr im Auto
mitfahren dürfen.

Zeigen Sie ihr,
wie man eine Landkarte liest.

Gehen Sie gemeinsam mit ihr
zu einem Kurs für defensives Autofahren.
Sie werden beide
wertvolle Hinweise bekommen,
wie man sicher Auto fährt.

Lassen Sie sich nie einreden,
sie sei ein besonders sicherer Fahrer,
nur weil sie ein weibliches Wesen ist.

Sagen Sie sich
– und Ihrer Tochter –,
dass ein Teenager kein
funkelnagelneues Auto braucht.

Es ist wichtig, dass das größte und stabilste ihr erstes Auto ist, das Sie sich leisten können. Mag sein, dass die anderen Verkehrsteilnehmer deswegen nicht besser schlafen, aber Sie tun es garantiert.

Schenken Sie ihr ein Handy,
nur für Notfälle.
Einigen Sie sich mit ihr darauf,
was ein Notfall ist.
Vielleicht meint sie ja, es sei schon einer,
wenn sie in der letzten halben Stunde
nicht mit ihrem Freund gesprochen hat.

Empfehlen Sie ihr dringend,
Benzin zu tanken,
wenn der Tank noch viertel voll ist,
und nicht erst,
wenn die Anzeigenadel im roten Feld ist.

Legen Sie strenge Regeln in Sachen
Trinken und Autofahren fest.
Zögern Sie nicht,
diese Regeln auch durchzusetzen.

Machen Sie ihr klar:
Das Wichtigste, worauf man beim Auto
zu achten hat, ist,
dass es jeden Morgen anspringt.

MÄDCHEN & JUNGEN

Irgendwie schräg aussehende
junge Burschen werden bei Ihnen
zu Hause aufkreuzen.
Das soll Sie aber nicht überraschen,
denn heranwachsende junge Burschen
sehen immer irgendwie schräg aus.

Zeigen Sie ihr durch die Art und Weise,
wie Sie Ihre Frau behandeln,
wie ein Mann eine Frau behandeln sollte.

Empfehlen Sie ihr,
Männer nicht nach ihrem Aussehen
oder ihrem Geld zu beurteilen.

Bringen Sie ihr bei,
einem Jungen in die Augen zu sehen
und »Nein« zu sagen.

Seien Sie vorsichtig beim Thema »Freund«
und sticheln sie nicht.
Vielleicht hat sie keinen,
und Sie erwecken in ihr den Eindruck,
sie sollte eigentlich einen haben.

Wenn sie plötzlich zum Fußball-Fan wird,
obgleich sie Fußball verabscheut,
dann können Sie sicher sein,
dass ein Junge im Spiel ist.

Wenn sie sich blöd verhält, um Jungen für sich einzunehmen, dann wird sie am Ende nur Blödiane für sich einnehmen.

Sie müssen nicht davon ausgehen,
dass jeder Junge,
der bei Ihnen reinschneit, eine Gefahr für
die Jungfräulichkeit Ihrer Tochter ist.
Vielleicht ist er für sie nur ein Mittel,
um nicht in Geschichte durchzufallen.

Erklären Sie ihr,
dass es gefährliche und anständige Jungen
gibt und wie sie die einen
von den anderen unterscheiden kann.

Sagen Sie ihr,
sie solle nicht gleich hin und weg sein,
nur weil einer aus den besseren Kreisen
sie ausführen will.

Folgen Sie ihr nicht,
wenn sie zum ersten Mal mit dem Auto zu
einem Rendezvous fährt.
(Auch wenn Sie vielleicht versucht sind,
es zu tun.)

Vergessen Sie nicht,
dass die Marsmenschen,
die vor Ihrer Haustür aufkreuzen
und hoffen, von Ihrer Tochter
erhört zu werden, selbst Eltern haben.

Fragen Sie Ihre Tochter und den Jungen,
mit dem sie sich verabredet hat,
was sie am Abend vorhaben.
Wenn Ihnen das Ganze nicht gefällt,
helfen Sie ihnen, etwas Neues zu finden.
Ihre Tochter wird das abscheulich finden.
Das macht nichts.

Sorgen Sie dafür, dass der Junge sie am späten Abend auch wieder nach Hause bringt – und nicht etwa in die Wohnung eines anderen Mädchens. Es sei denn, Sie kennen deren Familie und vertrauen ihr. Und dem Jungen.

Machen Sie ihr deutlich,
dass ihr erster Freund
nicht der letzte sein wird.
Und dass sie sich dementsprechend
zu verhalten hat.

Bedenken Sie,
dass es Ihrer Tochter
gar nicht recht sein kann,
wenn Sie mit ihrem Freund
besser befreundet sind
als sie selbst.

Bleiben Sie auf,
bis sie zurückkommt.
Wenn sie weiß,
dass ihr Vater sie an der Tür
willkommen heißt,
wird das ihren Entscheidungsprozess
positiv beeinflussen.

Jedem Mädchen wird einmal das Herz gebrochen. Sie können nichts tun, um es wieder zu reparieren. Dem Jungen auf den Pelz zu rücken, bringt gar nichts. Im Übrigen: Auch sie wird ein paar Herzen brechen.

Machen Sie sich klar,
dass die Gespräche, die Sie zum Thema Sex
mit Ihrer Tochter führen,
zu den schwierigsten überhaupt gehören.
Aber bedenken Sie auch,
dass sie zu den wichtigsten gehören,
die Sie je führen werden.

Wenn es erst soweit ist, dass sie beim
Essen Trübsal bläst und ihre Familie
anblafft, und wenn sie sich weigert,
mit einem bestimmten Jungen zu reden,
dann können Sie sicher sein,
dass sie auch ihm
ganz schön die Petersilie verhagelt hat.

Bringen Sie ihr bei, Nötigung unter keinen Umständen mit Liebe zu verwechseln. Jemanden unter Druck setzen ist kein Zeichen dafür, dass er sie gern hat.

Schärfen Sie ihr ein, dass sie sich nie zu einem Betrunkenen ins Auto setzen darf, egal wie sehr sie ihn »liebt«. Raten Sie ihr dringend, in einem solchen Fall bei Ihnen anzurufen.

Versichern Sie ihr,
dass Sie jederzeit angerufen werden können
und dass Sie sie dann abholen.
Eben dafür wurde das Handy erfunden.

ÄLTERE MÄDCHEN

Nehmen Sie sie jeden Abend vor dem Schlafengehen in den Arm. Auch wenn sie schon achtzehn ist.

Helfen Sie ihr, sich Ziele zu setzen.
Wenn sie keine Ziele hat,
wohin soll sie sich dann orientieren?

Bedenken Sie,
welchen großen Einfluss Sie auf Ihre Tochter haben. Von der Art, wie Sie selbst Ihr Leben leben, hängt ab, wie erfolgreich ihr eigenes Leben wird.

Warnen Sie sie davor,
allzu hart zu arbeiten.

In den seltenen Augenblicken,
in denen sie wirklich mit Ihnen reden will,
schalten Sie besser den Fernseher aus
und hören ihr zu.
Man kann nie wissen,
ob es je eine zweite Gelegenheit gibt.

Zeigen Sie ihr,
wie man einen festen Händedruck gibt.

Lassen Sie sich von ihren Launen oder Zornesausbrüchen nicht abschrecken. Sie braucht Sie in diesem Augenblick mehr denn je.

Machen Sie sich klar: Sie haben keinerlei Einfluss darauf, wie viel Makeup, Shampoo, Sonnenöl, Hautcremes, Haarfärber, Wimperntusche, Eyeliner, Parfüm, Duschgel und Badelotion sie kauft.
Nehmen Sie's hin und
gehen Sie zur Tagesordnung über.

Erinnern Sie sie ab und zu daran, welche fantastischen Gaben und Eigenschaften sie besitzt.

Animieren Sie sie, die Konkurrenz mit anderen nicht zu scheuen – zum Beispiel sich in die Schülervertretung wählen oder für die Schulmannschaft aufstellen zu lassen.

Die Konkurrenz um Rollen im Schultheater, um Teilnahme an Schulwettbewerben oder um Sitze in Schülergremien kann erbarmungslos sein, und Verlieren ist immer schwer und schmerzlich. Wenn sie mal leer ausgeht, trösten Sie sie, aber tun Sie alles, damit sie es noch einmal versucht.

Sprechen Sie oft mit ihr über Studienmöglichkeiten. Über die Uni. Über Berufsaussichten. Über ihre Träume.

Halten Sie eisern
an Familientraditionen fest.
Sie werden später
einmal wichtiger für sie sein,
als Sie und Ihre Tochter je geahnt hätten.

Wenn Sie wirklich mal sauer auf sie sind, kramen Sie trotzdem keine alten Geschichten aus.
Bleiben Sie beim Hier und Jetzt.

Lernen Sie ihre Sprache verstehen.
Wenn sie erzählt, eine Verabredung sei
»toll« oder »klasse« gewesen,
was meint sie damit wirklich?

Vergessen Sie nicht,
dass Models dünner sind als 98 Prozent
aller Frauen und Mädchen.
Reden Sie ihr also aus,
sie könne dieses Aussehen
durch Diät und Sport erreichen.

Halten Sie sich aus den
Auseinandersetzungen zwischen ihr und
ihrer Mutter heraus, es sei denn,
Sie finden, eine von beiden oder beide
seien komplett durchgedreht.
Dann legen Sie ruhig los,
aber auf eigenes Risiko.

Machen Sie lange Spaziergänge mit ihr.
Wenn Sie einfach nur zuhören,
erzählt sie Ihnen am Ende alles,
was sie auf dem Herzen hat.

Schärfen Sie ihr ein, dass sie der Gutwilligkeit anderer Menschen nie ganz sicher sein darf.

Setzen Sie ihr jedes Jahr, entsprechend
ihrem Alter und ihrer Einsichtsfähigkeit,
ein striktes Zeitlimit fürs
Nachhausekommen.
Finden Sie sich damit ab,
dass sie immer darüber meckern wird
– und das bis zum Abi.

Kritisieren Sie sie nie im Beisein ihrer Freundinnen.

Raten Sie ihr,
sich von verantwortungslosen Menschen
fern zu halten.

Sorgen Sie dafür, dass sie sich Vereinen oder schulischen Arbeitsgemeinschaften anschließt. Sie wird vermutlich einwenden, das sei Zeitverschwendung und ihre Freundinnen gingen da auch nicht hin. Aber sie wird dort Jugendliche kennenlernen, die gleichfalls ein Ziel vor Augen haben (außerdem macht sich das großartig bei ihrer Bewerbung fürs Studium).

Denken Sie daran:
Wenn ihr Leben im Elternhaus völlig verdreht ist, wird es ihr übriges Leben auch sein.

Bringen Sie ihr Selbstachtung bei.

Dulden Sie nicht, dass sie die Schule schwänzt, nur damit ihre Frisur für die Party fertig wird. Es sei denn, Sie wollen nichts anderes als ein Partygirl.

Bedenken Sie immer:
Sie entscheiden darüber,
was für sie ein Mann ist.
Wenn Sie Alkohol trinken,
rauchen und Drogen nehmen,
dann kann es gut sein, dass die Männer
in ihrem Leben es gleichfalls tun.

Sie wird monieren,
dass Sie ihr ständig Standpauken halten;
und Sie werden sagen, dass sie nie zuhört.
Sie haben beide Recht.

Helfen Sie ihr,
von Ihnen unabhängig zu werden.

Sollte sie sich wegen Ihres
oder des eigenen Autos
oder Ihrer Wohnung genieren,
dann muss sie noch
um einiges erwachsener werden.

Animieren Sie sie,
sich als Ehrenamtliche zu melden.
Für einen egoistischen Teenager ist
gemeinnützige Arbeit eine großartige Kur.

Bringen Sie ihr bei,
wie man die Initiative ergreift.

Sie wird der Ansicht sein,
dass Sie eine modische Rundumerneuerung benötigen. Vorsicht! Danach werden Sie alles andere als klasse aussehen.

Lassen Sie sie Fehler machen.

Zeigen Sie ihr,
dass Ausreden überflüssig sind.

Wenn sie mit fünfzehn ein schwarzes Kleid anhat und frisiert und geschminkt vor Ihnen steht, dann werden Sie sich sagen, dass Sie sie am liebsten gar nicht aus dem Haus ließen.

Machen Sie ihr klar,
dass der Erfolg eher bei denen ist,
die ihre Sache früh anpacken
und bis spät abends arbeiten.

Glauben Sie nur nicht, Sie hätten den idealen Kompromiss gefunden, wenn Sie ihr und ihrem Freundeskreis erlauben, in Ihrem Haus Alkohol zu trinken. Sie tun nämlich nichts anderes, als sie ans Trinken zu gewöhnen.

Zeigen Sie ihr,
wie man lernt
sich wohlzufühlen,
auch wenn mal niemand redet.

Irgendwann wird sie nach
Geburtenkontrolle und Abtreibung fragen.
Sie sollten darauf ohne Umschweife
antworten können.
Aber stellen Sie keine Vermutungen an.

Erklären Sie ihr,
dass Eifersucht zu nichts nütze ist
und nur dazu führt,
dass man sich am Ende ganz schlecht fühlt.

Halten Sie sie dazu an,
sich über die Erfolge anderer zu freuen.

Denken Sie daran, ihr die Folgen ihres
Tuns vor Augen zu führen.
Sie sind der beste Lehrmeister.
Sie lernt gar nichts, wenn man sie beim
Schummeln oder Klauen erwischt
und Sie ihr zu Hilfe kommen.

Erziehen Sie sie dahin,
dass sie zu ihren Entscheidungen steht.
Und bereit ist, umzudenken.

Seien Sie auf den Tag gefasst,
an dem Sie nicht länger der wichtigste
Mann in ihrem Leben sind.

Helfen Sie ihr,
sich von Angst nicht lähmen zu lassen.
Auch nicht von der Angst zu versagen.

Bringen Sie sie dazu,
dass sie sich nicht
für eine Hochschule entscheidet,
nur weil ihr Freund auch dorthin geht.

Glauben Sie an Ihre Tochter.

Gehen Sie mit ihr essen.
Nur Sie beide.

Zeigen Sie ihr die drei Wege zur Weisheit:
nicht alles glauben, was man hört;
nicht alles ausgeben, was man hat;
nicht so viel schlafen, wie man möchte.
Bis zu ihrem Studienabschluss
wird ihr das schwer fallen.

Bringen Sie ihr bei,
dass große Liebe und große Erfolge
mit großem Risiko verbunden sind.

Machen Sie ihr klar,
dass wahres Glück von innen kommt.

Erklären Sie ihr,
dass es manchmal ein wahres Glück sein
kann, wenn man nicht bekommt,
was man möchte.

Raten Sie ihr,
sich nicht zu sehr
an die Dinge zu klammern.

Erklären Sie ihr,
dass Scheitern integraler Bestandteil
des Erfolges ist
und sie es immer wieder versuchen muss.

Machen Sie ihr Mut,
niemals aufzugeben.

Sehen Sie sich in ihrem Zimmer um.
Werfen Sie einen Blick auf ihre Bilder,
ihre Fotos, ihre Andenken.
Das sind ihre Erinnerungen.
Das war die Kindheit,
die Sie ihr geschenkt haben.

Sagen Sie ihr,
dass sie die Tochter ist,
von der Sie immer geträumt haben.

Seien Sie darauf gefasst,
dass es Ihnen das Herz bricht,
wenn sie zur Hochschule geht.
Aber Sie werden es überleben.

Und zu guter Letzt ...

Lassen Sie sie ihren eigenen Weg gehen.